Joseph Kardinal Ratzinger

LICHT, DAS UNS LEUCHTET

K181MO 8/82
Kath. Pfarramt
Maria Königin
Kohlweg 44 · Tel. (0681) 814354
6600 Saarbrücken 3

W0353059

JOSEPH KARDINAL RATZINGER

LICHT
DAS UNS LEUCHTET

Besinnungen zu Advent
und Weihnachten

Mit einer Betrachtung
von Papst Johannes Paul I.

Herder

Freiburg · Basel · Wien

Fünfte Auflage

Alle Rechte vorbehalten – Printed in Germany
© Verlag Herder Freiburg im Breisgau 1978
Herstellung: Freiburger Graphische Betriebe 1979
ISBN 3-451-18298-X

Vorwort

Die Beiträge, die in diesem kleinen Buch gesammelt vorgelegt werden, sind zu verschiedenen Anlässen in der Advents- und Weihnachtszeit 1977 entstanden. Die Anregung, sie auf diese Weise zu vereinigen und der Öffentlichkeit vorzulegen, kam vom Verlag Herder, dem ich dafür danke. Ihre einzige Absicht ist es, jenes innere Sehen zu wecken, dem die Wahrheit aufgeht, die in dem biblischen Wort liegt: „Erschienen ist uns die Güte und die Menschenliebe Gottes, unseres Retters" (Tit 3,4). In dieser Absicht treffen sich die Beiträge des Bändchens mit der „Lektion des Weihnachtsesels", die der frühere Kardinal und Patriarch von Venedig, Albino Luciani, schrieb; sie ist hier aufgenommen worden im Gedenken an das Lächeln, das der Welt für einen Augenblick in Papst Johannes Paul I. geschenkt wurde.

München, am Fest des hl. Franz von Assisi 1978

+ Joseph Card. Ratzinger

Inhalt

I

Am Anfang des Advent

Ein Adventsgespräch mit Kranken

Wenn die stille Freude der Vorweihnachtszeit allenthalben zu spüren ist, mag es in mancher Hinsicht besonders schwer sein, krank sein zu müssen und die Freude nicht recht mitempfinden zu können, weil ihr die Mühsal der Krankheit entgegensteht. Aber vielleicht kann doch der Advent auch in besonderer Weise zu einer Medizin der Seele werden, die die erzwungene Untätigkeit und den Schmerz der Krankheit leichter erträglich macht, ja sogar dazu helfen möchte, die Gnade zu entdecken, die im stillen im Kranksein liegen kann.

I

Überlegen wir uns, was das eigentlich bedeutet; „Advent“. Dies ist ein lateinisches Wort, das wir im Deutschen mit „Anwesenheit, Ankunft“ wiedergeben können [1]. In der Sprache der alten Welt war es ein Fachausdruck, der die Ankunft eines Amtsträgers, besonders die Ankunft von Königen oder Kaisern in der Provinz bezeichnete. Er konnte aber auch die Ankunft der Gottheit ausdrücken, die aus ihrer Verborgenheit hervortritt und machtvoll ihre Gegenwart erweist oder deren Anwesenheit im Kult feierlich begangen wurde.

Dieses Wort übernahmen die Christen, um ihre besondere Beziehung zu Jesus Christus auszusagen. Er ist für sie der König, der in diese armselige Provinz Erde hereingetreten ist und ihr das Fest seines Besuches schenkt; er ist es, an dessen Gegenwart in der liturgischen Versammlung sie glauben. Ganz allgemein wollten sie mit diesem Wort sagen: Gott ist da. Er hat sich nicht von der Welt zurückgezogen. Er hat uns nicht allein gelassen. Auch wenn wir ihn nicht sehen und greifen können wie irgendwelche Dinge –

er ist doch da und kommt auf vielerlei Weise zu uns.

So gehört in den Sinnzusammenhang des Wortes Advent auch das Wort Visitatio hinein, das eigentlich einfach „Besuch“ bedeutet, das man im Deutschen aber seit langem mit dem Wort „Heimsuchung“ wiedergibt. Hier hat sich nun eine merkwürdige Verschiebung unseres Denkens vollzogen: Das Wort „Heimsuchung“ hat den freudigen Gehalt des Wortes „Besuch, besuchen“ fast ganz verloren; wir achten gar nicht mehr auf seinen ursprünglichen Sinn, sondern verstehen unter Heimsuchungen Plagen und Mühsale, die als Strafen Gottes gedeutet werden. Eigentlich sollte es gerade umgekehrt sein: Das Wort „Heimsuchung, Besuch“ sollte zu der Einsicht helfen, daß selbst im Schweren etwas von der Schönheit des Advent liegen kann.

Krankheit und Leid können ebenso wie eine große Freude so etwas wie ein ganz persönlicher Advent sein – ein Besuch Gottes, der in mein Leben hereintritt und sich mir zuwenden will. Auch wenn es uns schwer wird, sollten wir doch einmal versuchen, die Tage der Krankheit auf solche Weise zu verstehen: Der Herr hat meine

Aktivität für eine Weile unterbrochen, um mich zur Stille zu bringen.

In meinem Alltag habe ich wenig Zeit für ihn und wenig Zeit für mich selbst. Ich bin ganz eingespannt in meine Geschäfte von früh bis spät, und ich weiche sogar aus vor mir selbst, weil ich nichts mit mir anfangen kann. Der Beruf hat mich, die Gesellschaft hat mich, das Vergnügen hat mich, aber ich habe mich nicht selbst. So verwildere ich allmählich auch nach innen zu. Die Dinge treiben mich, ich bin nur eine Funktion in ihrem großen Getriebe.

Nun aber hat Gott mich herausgezogen. Ich muß still sein. Ich muß warten. Ich muß mich besinnen auf mich selbst, ich muß das Alleinsein tragen. Ich muß den Schmerz tragen, und ich muß mich selber annehmen. Das alles ist schwer.

Aber kann es nicht wirklich sein, daß Gott in dieser Stille auf mich wartet? Kann es nicht sein, daß er dabei das tut, was in der Parabel vom Weinstock steht: Die Zweige, die Frucht tragen, reinigt er, damit sie mehr Frucht bringen (Joh 15,2)?

Wenn ich lerne, mich anzunehmen in diesen Tagen der Stille, wenn ich mir den Schmerz gefallen lasse, weil der Herr mich dabei reinigt – bin ich dann nicht reicher geworden, als wenn ich viel Geld verdient hätte? Ist dann nicht etwas an mir geschehen, was beständiger und fruchtbarer ist als die Dinge, die man zählen und berechnen kann?

Besuch des Herrn – vielleicht kann die Krankheit ein anderes Gesicht gewinnen, wenn wir sie als ein Stück Advent ansehen. Wir rebellieren ja nicht nur deshalb gegen sie, weil sie weh tut, weil Stillesein und Einsamkeit schwer sind. Wir rebellieren gegen sie, weil wir soviel Wichtiges zu tun hätten, weil sie sinnlos scheint. Aber sie ist gar nicht sinnlos. Im Gefüge des menschlichen Lebens hat sie ihre große Bedeutung. Sie kann der Augenblick Gottes in unserem Leben sein, die Zeit, da wir für ihn offen sind und damit auch uns selbst wieder finden lernen.

Vielleicht sollten wir einmal das Experiment machen, die einzelnen Begebnisse des Tages als Winke Gottes an uns zu verstehen. Vielleicht sollten wir einmal nicht nur das Ärgerliche und Unangenehme registrieren, sondern uns mühen, herauszufinden, wie oft Gott mich etwas von seiner Liebe spüren läßt. Sozusagen ein inneres

Tagebuch des Guten zu führen wäre eine schöne und heilende Aufgabe.

Der Herr ist da – diese christliche Gewißheit sollte uns helfen, mit anderen Augen in die Welt zu schauen und gerade auch die „Heimsuchung“ als Besuch verstehen zu lernen, als eine Weise, wie ER zu uns kommen, uns nahe werden kann.

2

Ein zweites Grundelement des Advent ist das Warten, das zugleich ein Hoffen ist. Der Advent stellt damit dar, was der Inhalt der christlichen Zeit und der Inhalt der Geschichte überhaupt ist. Jesus hat das in vielen Gleichnissen sichtbar gemacht: in der Geschichte von den Knechten, die auf die Wiederkunft des Herrn warten oder auch sie vergessen und tun, als wären sie Eigentümer; in der Erzählung von den Jungfrauen, die den Bräutigam erwarten oder nicht erwarten können, und in den Gleichnissen von Saat und Ernte.

Der Mensch ist in seinem Leben ein Wartender: als Kind will er erwachsen werden, als Erwachsener will er vorwärtskommen und erfolgreich sein; schließlich sehnt er sich nach Ruhe, und endlich kommt die Zeit, wo er entdeckt, daß er zuwenig gehofft hat, wenn ihm über Beruf und Stellung hinaus nichts zu hoffen bleibt.

Die Menschheit hat nie aufhören können, auf bessere Zeiten zu hoffen; die Christenheit hofft darauf, daß durch die ganze Geschichte der Herr hindurchgeht und daß er einmal all unsere Tränen und Mühsale aufsammeln wird, so daß alles seine Erklärung und seine Erfüllung findet in SEINEM Reich.

Daß der Mensch ein Wartender ist, wird nie so deutlich wie in der Zeit der Krankheit. Jeden Tag warten wir auf Zeichen der Besserung und schließlich auf die volle Genesung. Aber zugleich entdecken wir dabei, daß es sehr verschiedene Weisen des Wartens gibt.

Wenn die Zeit nicht selber mit einer sinnvollen Gegenwart angefüllt ist, wird das Warten unerträglich. Wenn wir nur auf etwas ausschauen müssen und jetzt gar nichts da ist, wenn die Gegenwart völlig leer bleibt, dann ist jede Sekunde zu lang. Und ebenso ist Warten eine allzu schwere Last, wenn ganz ungewiß bleibt, ob wir überhaupt etwas erwarten dürfen.

Wenn aber die Zeit selber sinnvoll ist, wenn in jedem Augenblick etwas Eigenes und Wertvolles beschlossen liegt, dann macht die Vorfreude auf noch Größeres, das kommt, auch das schon Gegenwärtige noch kostbarer und trägt uns wie mit einer unsichtbaren Kraft über die Augenblicke hinweg. Gerade zu dieser Art von Warten aber will uns der christliche Advent verhelfen; es ist die eigentlich christliche Form des Wartens und Hoffens.

Denn die Geschenke Jesu Christi sind nicht pure Zukunft, sondern sie reichen in die Gegenwart herein. Er ist jetzt schon im Verborgenen da: Er spricht mich auf vielerlei Weise an – durch die Heilige Schrift, durch das Kirchenjahr, durch die Heiligen, durch mancherlei Geschehnisse des Alltags, durch die ganze Schöpfung, die anders aussieht, wenn ER dahintersteht, als wenn sie von dem Nebel einer ungewissen Herkunft und einer ungewissen Zukunft verhangen ist. Ich kann ihn ansprechen, ich kann vor ihm klagen, und ich kann ihm meine Leiden, meine Ungeduld, meine Fragen hinhalten in dem Bewußtsein, daß sein Hören immer gegenwärtig ist.

Wenn es ihn gibt, dann gibt es keine sinnlose und sinnleere Zeit. Dann ist jeder Augenblick in sich wertvoll, auch wenn ich zu gar nichts anderem imstande bin, als eben stumm meine Krankheit auszuhalten. Wenn es ihn gibt, dann bleibt immer noch etwas zu hoffen, wo andere mir keine Hoffnung mehr machen können. Dann sind Alter und Ruhestand nicht die letzte Stufe des Lebens, von der aus man nur noch rückwärts schauen kann. Dann kommt immer noch Größeres, und gerade die Zeit der Nutzlosigkeit nach außen kann dann höchste Form des Reifens werden.

Christliche Hoffnung entwertet also nicht die Zeit, sondern sie bedeutet gerade, daß jeder Augenblick des Lebens seinen Wert hat; sie bedeutet, daß wir die Gegenwart annehmen können und ausfüllen sollen, weil alles bleibt, was wir von innen her angenommen haben.

3

So wird schließlich ein dritter Aspekt verständlich: Advent ist nicht nur Zeit der Gegenwart und der Erwartung des Ewigen; weil er beides ist, ist er in besonderer Weise Zeit der Freude, und zwar einer verinnerlichten Freude, die durch das Leid nicht auszutreiben ist.

Vielleicht kann man das am besten verstehen, wenn man dem inneren Gehalt unserer Adventsbräuche auf den Grund geht. Fast alle diese Bräuche haben ihre Wurzel in Worten der Heiligen Schrift, die die Kirche in dieser Zeit als Gebetsworte gebraucht; das gläubige Volk hat hier die Schrift gleichsam ins Sichtbare übersetzt.

Da steht z.B. im Psalm 95 das Wort: Alle Bäume des Waldes werden jubeln vor dem Angesicht Gottes, denn er kommt. Die Liturgie hat das im Anschluß an andere Psalmworte ausgeweitet zu dem Satz: Berge und Hügel werden lobsingen vor Gott, und alle Bäume des Waldes werden in die Hände klatschen, denn es kommt der Herr, der Herrscher zu ewiger Herrschaft.

Die geschmückten Bäume der Weihnachtszeit sind nichts anderes als der Versuch, dieses Wort schaubar wahr zu machen: der Herr *ist* da – so glaubten und wußten es unsere Ahnen; also müssen die Bäume ihm entgegengehen, sich neigen vor ihm, Lobpreis werden auf ihren Herrn. Und aus derselben gläubigen Gewißheit heraus haben sie das Wort vom Singen der Berge und Hügel wahr gemacht, und dieses Singen der Berge, das sie angestimmt haben, tönt bis in unsere Zeit herein und läßt uns etwas ahnen von der Nähe des Herrn, die allein dem Menschen solche Töne schenken konnte.

Selbst ein scheinbar so äußerlicher Brauch wie das Weihnachtsgebäck hat seine Wurzel in der Adventsliturgie der Kirche, die in diesen Tagen des sinkenden Jahres das herrliche Wort des Alten Testaments aufnimmt: An jenem Tag werden die Berge Süßigkeit träufeln, und die Flüsse werden Milch und Honig führen. In solchen Worten hatten die Menschen damals den Inbegriff ihrer Hoffnungen auf eine erlöste Welt ausgedrückt. Und wiederum war es so, daß unsere Ahnen Weihnachten als den Tag begingen, an dem Gott wirklich gekommen ist. Wenn er in der Weihnacht kommt, teilt er gleichsam den Honig aus. Dann muß es wahr sein, daß die Erde davon fließt; wo er ist, da ist alle Bitterkeit verschwunden, da stimmen Himmel und Erde, Gott und Mensch überein, und der Honig, das Honiggebäck, ist Zeichen dieses Friedens, der Eintracht und der Freude.

So ist Weihnachten zum Fest des Schenkens geworden, an dem wir den Gott nachahmen, der sich selber geschenkt und uns damit das Leben noch einmal gegeben hat, das erst wirklich zur Gabe wird, wenn zur Milch der Existenz der Honig des Geliebtwerdens kommt, einer Liebe, die von keinem Tod, von keiner Untreue und von keiner Sinnlosigkeit bedroht ist[2].

All dies ist schließlich zusammengeströmt in der Freude darüber, daß Gott ein Kind geworden ist, das uns ermutigt, vertrauend zu sein, wie Kinder es sind, zu schenken und uns beschenken zu lassen.

Vielleicht fällt es uns schwer, diese Töne der Freude anzunehmen, wenn uns Fragen quälen, wenn Krankheit des Leibes und seelische Probleme uns gleichermaßen zusetzen und uns eher dazu drängen, gegen den unbegreiflichen Gott aufzubegehren. Aber das Zeichen der Hoffnung, das dieses Kind ist, ist gerade auch den Bedrängten gesetzt. Eben deswegen hat es ein so reines Echo zu wecken vermocht, daß seine tröstende Kraft auch noch den Ungläubigen ans Herz rührt.

Vielleicht sollten wir Advent gerade dadurch begehen, daß wir ohne Widerstand die lieben Zeichen dieser Zeit uns in die Seele dringen lassen, ohne Fragen und Tüfteln uns warm machen lassen durch sie und dann voll Vertrauen die unermeßliche Güte des Kindes annehmen, das allein die Berge singen machen konnte und die Bäume des Waldes in Lobpreis verwandelt hat.

II

Ochs und Esel an der Krippe

Das Urfest der Christenheit ist nicht Weihnachten, sondern Ostern: Erst die Auferstehung des Herrn war der Durchbruch eines neuen Lebens und so der Anfang der Kirche. Deswegen nennt schon Ignatius von Antiochien († spätestens 117 n. Chr.) die Christen diejenigen, die „nicht mehr den Sabbat halten, sondern nach dem Tag des Herrn leben"[3]: Christsein heißt österlich leben, von der Auferstehung her, die im wöchentlichen Osterfest des Sonntags begangen wird. Daß Jesus am 25. Dezember geboren wurde, hat mit Sicherheit zum erstenmal Hippolyt von Rom in seinem etwa im Jahr 204 nach Christus geschriebenen Daniel-Kommentar festgestellt; der in Basel wirkende Forscher Bo Reicke glaubt freilich, aufgrund verschiedener Indizien zeigen zu können, daß schon Lukas in seinem Evangelium den 25. Dezember als Geburtstag Jesu voraussetzt: An diesem Tag wurde damals das von Judas Makkabäus im Jahr 164 vor Christus eingeführte Tempelweihefest begangen, und das Geburtsdatum Jesu würde so zugleich symbolisieren, daß mit ihm, der als Gottes Licht in der Winternacht aufging, wahrhaft Tempelweihe – Ankunft Gottes inmitten dieser Erde – sich ereignete[4].

I

Wie dem auch sei, deutliche Gestalt hat das Weihnachtsfest in der Christenheit erst im 4. Jahrhundert angenommen, als es das römische Fest des unbesiegten Sonnengottes verdrängte und die Geburt Christi als den Sieg des wahren Lichtes verstehen lehrte; daß in dieser Umschmelzung einer heidnischen Feier in ein christliches Hochfest doch schon alte jüdisch-christliche Überlieferung aufgenommen wurde, ist aus den Notizen Bo Reickes deutlich geworden.

Die besondere menschliche Wärme, die uns am Weihnachtsfest so sehr berührt, daß es im Herzen der Christenheit Ostern weithin überflügelt hat, hat sich allerdings erst im Mittelalter entwickelt, und hier war es Franz von Assisi, der aus seiner tiefen Liebe zum Menschen Jesus, zum Gott-mit-uns, dies Neue heraufführen half. Sein erster Biograph, Thomas von Celano, erzählt in seiner zweiten Lebensbeschreibung folgendes: „Mehr als jedes andere Fest feierte er Weihnachten mit einer nicht zu beschreibenden Freude. Er sagte, dies sei das Fest der Feste, denn an diesem Tag ist Gott ein kleines Kind geworden und hat Milch gesaugt wie alle Menschenkinder. Franz umarmte – mit welcher Zärtlichkeit und Hingebung! – die Bilder, die das Kind Jesus darstellten und stammelte voller Mitleid wie die Kinder Worte der Zärtlichkeit. Der Name Jesu war auf seinen Lippen süß wie Honig.“[5]

Aus solcher Gesinnung heraus kam dann die berühmte Weihnachtsfeier in Greccio, zu der ihn sein Besuch im Heiligen Land und an der Krippe in Santa Maria Maggiore zu Rom angeregt haben mögen; entscheidend war das Verlangen nach Nähe, nach Wirklichkeit, das ihn bewegte, der Wunsch, Bethlehem ganz gegenwärtig zu erleben, die Freude der Geburt des Kindes Jesus unmittelbar zu erfahren und allen seinen Freunden mitzuteilen.

Von dieser Krippennacht erzählt Celano in der ersten Biographie in einer Weise, die die Menschen immer wieder bewegt und zugleich entscheidend dazu beigetragen hat, daß der schönste Weihnachtsbrauch – die Krippe – sich entfalten konnte.

Eine merkwürdige Begebenheit dieser Nacht scheint mir besonders erwähnenswert. Das Gelände in Greccio war dem Armen von Assisi von einem adeligen Herrn namens Johannes zur Verfügung gestellt worden, von dem Celano berichtet, daß er trotz seiner hohen Abstammung und seiner bedeutenden Stellung „dem Adel des Blutes keinerlei Bedeutung beimaß und vielmehr denjenigen der Seele zu erreichen wünschte". Deshalb habe Franz ihn geliebt[6].

Von diesem Johannes nun heißt es bei Celano, daß ihm in jener Nacht die Gnade einer wunderbaren Vision zuteil wurde. Er sah auf dem Futtertrog unbeweglich ein kleines Kind liegen, das durch die Nähe des heiligen Franz aus seinem Schlaf gezogen wurde. Der Verfasser fügt hinzu: „Diese Vision entsprach wirklich dem, was geschah, denn das Kind Jesus war tatsächlich bis zur Stunde in vielen Herzen im Schlaf des Vergessens versunken. Durch seinen Diener Franz wurde die Erinnerung daran belebt und unzerstörbar dem Gedächtnis eingeprägt.“[7]

In diesem Bild ist sehr genau die neue Dimension beschrieben, die Franz mit seinem Herz und Gemüt durchdringenden Glauben dem christlichen Weihnachtsfest geschenkt hat: die Entdekkung der Offenbarung Gottes, die gerade in dem Kind Jesus liegt. Gerade so ist Gott wahrhaft „Emmanuel“ geworden, Gott-mit uns, von dem uns keine Schranke der Hoheit und der Ferne trennt: Als Kind ist er uns so nahe geworden, daß wir ungescheut du zu ihm sagen, mit ihm in der Direktheit des Zugangs zum kindlichen Herzen auf du stehen können.

Im Kind Jesus ist die Wehrlosigkeit der Liebe Gottes am meisten offenkundig: Gott kommt ohne Waffen, weil er nicht von außen erobern, sondern von innen gewinnen, von innen her umwandeln will. Wenn irgend etwas den Menschen, seine Selbstherrlichkeit, seine Gewalttätigkeit, seine Habgier besiegen kann, dann die Schutzlosigkeit des Kindes. Gott hat sie angenommen, um uns so zu besiegen und zu uns selbst zu führen.

Vergessen wir dabei nicht, daß der höchste Würdetitel Jesu Christi „der Sohn" heißt – Sohn Gottes; die göttliche Würde wird mit einem Wort benannt, das Jesus als immerwährendes Kind erweist. Sein Kindsein steht in einer einzigartigen Entsprechung zu seiner Göttlichkeit, die die Göttlichkeit des „Sohnes" ist. So ist sein Kindsein Wegweisung, wie wir zu Gott, zur Vergöttlichung, kommen können. Von da aus ist sein Wort zu verstehen: „Wenn ihr nicht umkehrt und werdet wie die Kinder, könnt ihr nicht in das Himmelreich eingehen" (Mt 18,3).

Wer das Geheimnis von Weihnachten nicht verstanden hat, hat das Entscheidende am Christsein nicht verstanden. Wer es nicht angenommen hat, kann in das Himmelreich nicht eingehen – das ist es, woran Franziskus die Christenheit seiner Zeit und jeder folgenden Zeit neu erinnern wollte[8].

2

In der Höhle von Greccio standen in der Heiligen Nacht gemäß der Anweisung des heiligen

Franz Ochs und Esel. Zu dem adeligen Johannes hatte er nämlich gesagt:

„Ich möchte in voller Wirklichkeit die Erinnerung an das Kind wachrufen, wie es in Bethlehem geboren wurde, und an alle Mühsal, die es in seiner Kindheit erdulden mußte. Ich möchte es mit meinen leiblichen Augen sehen, wie es war, in einer Krippe liegen und auf dem Heu schlafen, zwischen einem Ochsen und einem Esel.“[9]

Seither gehören Ochs und Esel zu jeder Krippendarstellung. Aber woher kommen sie eigentlich? Die Weihnachtsgeschichten des Neuen Testaments erzählen bekanntlich nichts davon. Wenn wir dieser Frage nachgehen, stoßen wir auf einen Sachverhalt, der für das ganze weihnachtliche Brauchtum, ja überhaupt für die weihnachtliche und österliche Frömmigkeit der Kirche in Liturgie und Volksbrauch gleichermaßen wichtig ist.

Ochs und Esel sind nicht einfach Produkte frommer Phantasie; sie sind durch den Glauben der Kirche an die Einheit von Altem und Neuem Testament zu Begleitern des weihnachtlichen Geschehens geworden. In Jes 1, 3 steht nämlich:

„Seinen Eigentümer erkennt ein Ochse, ein Esel die Krippe seines Herrn; Israel aber hat keine Erkenntnis, mein Volk hat keinen Verstand.“

Die Kirchenväter sahen in diesen Worten eine prophetische Rede, die auf das Neue Gottesvolk, die Kirche aus Juden und Heiden, vorausweist[10]. Vor Gott waren alle Menschen, Juden und Heiden, wie Ochsen und Esel, ohne Vernunft und Erkenntnis. Aber das Kind in der Krippe hat ihnen die Augen aufgetan, so daß sie nun die Stimme des Eigentümers, die Stimme ihres Herrn, erkennen.

In den mittelalterlichen Weihnachtsdarstellungen fällt immer wieder auf, wie den beiden Tieren fast menschliche Gesichter gegeben sind, wie sie wissend und verehrend vor dem Geheimnis des Kindes stehen und sich beugen. Das war nur logisch, denn die beiden Tiere galten als die prophetische Chiffre, hinter der sich das Geheimnis der Kirche verbirgt – unser Geheimnis, die wir Ochsen und Esel dem Ewigen gegenüber sind –, Ochsen und Esel, denen in der Heiligen Nacht die Augen aufgehen, so daß sie in der Krippe ihren Herrn erkennen.

3

Aber erkennen wir ihn wirklich? Wenn wir Ochs und Esel in die Krippe stellen, muß uns das ganze Jesaja-Wort in den Sinn kommen, das ja nicht nur Evangelium – Verheißung kommender Erkenntnis –, sondern auch Gericht über gegenwärtige Verblendung ist. Ochs und Esel erkennen, „Israel aber hat keine Erkenntnis, mein Volk hat keinen Verstand".

Wer ist heute Ochs und Esel, wer „mein Volk", das ohne Verstand ist? Woran erkennt man Ochs und Esel, woran „mein Volk"? Warum überhaupt ist es so, daß die Unvernunft erkennt und die Vernunft blind ist?

Um Antwort zu finden, müssen wir mit den Kirchenvätern noch einmal zum ersten Weihnachten zurückkehren. Wer erkannte nicht? Und wer erkannte? Und warum war es so?

Nun, wer nicht erkannte, das war Herodes, der auch nichts begriff, als ihm von dem Kind erzählt wurde, sondern von seiner Herrschsucht und dem ihr zugehörenden Verfolgungswahn nur um so tiefer verblendet wurde (Mt 2, 3). Wer nicht erkannte, das war „ganz Jerusalem mit ihm“ (ebd.). Wer nicht erkannte, das waren die Menschen in weichen Kleidern – die feinen Leute (Mt 11,8). Wer nicht erkannte, das waren die gelehrten Herren, die Bibelkundigen, die Spezialisten der Schriftauslegung, die zwar genau die richtige Bibelstelle wußten, aber dennoch nichts begriffen (Mt 2,6).

Wer erkannte – das waren, verglichen mit diesen renommierten Leuten, „Ochs und Esel“: die Hirten, die Magier, Maria und Josef. Konnte es anders sein? Im Stall, wo er ist, da sind die feinen Leute nicht, da sind eben Ochs und Esel zu Hause.

Wie aber steht es mit uns? Sind wir deshalb vom Stall so weit entfernt, weil wir viel zu fein und zu gescheit dafür sind? Verfangen wir uns nicht auch in gelehrter Bibelauslegung, in Nachweisen der Unechtheit oder des echten historischen Platzes so sehr, daß wir für das Kind selbst blind geworden sind und nichts von ihm vernehmen? Sind wir nicht auch allzusehr in „Jerusalem“, im Palast, eingehaust in uns, unsere Selbstherrlichkeit, unsere Verfolgungsangst, als daß wir nächtens die Stimme der Engel hören, hingehen und anbeten könnten?

So schauen uns in dieser Nacht die Gesichter von Ochs und Esel fragend an: Mein Volk ist ohne Verstand, begreifst *du* die Stimme deines Herrn? Wenn wir die vertrauten Figuren in die Krippe stellen, sollten wir Gott darum bitten, daß er unserem Herzen jene Einfachheit gibt, die im Kind den Herrn entdeckt – wie einst Franziskus in Greccio. Dann könnte auch uns geschehen, was Celano ganz nah an den Worten des heiligen Lukas über die Hirten der ersten Heiligen Nacht (Lk 2,20), von den Teilnehmern an der Mette in Greccio, erzählt: Jeder kehrte nach Hause zurück, voller Freude [11].

III

„Und das Wort ist Fleisch geworden“

Eine Weihnachtspredigt

In dem Evangelium der dritten Weihnachtsmesse (Joh 1,1–18) scheint das Liebenswerte und Vertraute der Geburt Jesu Christi im Stall zu Bethlehem in die fremde Größe des Geheimnisses entrückt. Da ist nicht die Rede vom Kind und von der Mutter, nicht von den Hirten und von ihren Schafen, nicht vom Gesang der Engel, der den Menschen von der Herrlichkeit Gottes her Frieden verkündet.

Dennoch gibt es Gemeinsames: auch das heutige Evangelium spricht vom Licht, das in die Finsternis leuchtet; es spricht von der Herrlichkeit Gottes, die wir im fleischgewordenen Wort als Gnade anschauen können, und es spricht von dem Herrn, der in seinem Eigentum nicht aufgenommen wurde.

Mitten durch die geheimnisvoll-großen Worte hindurch wird so mit einem Mal der Stall sichtbar, in dem der Sohn Davids geboren werden mußte, weil in seiner Stadt kein Platz für ihn war.

So kann ein tieferes Zuhören doch sehr wohl erkennen, daß das Evangelium des Tages von nichts anderem redet als dasjenige der Heiligen Nacht – daß alle Evangelisten nur das *eine* Evangelium verkünden. Sie gehen es bloß von verschiedenen Seiten her an.

Lukas und ähnlich Mattäus erzählen die irdische Geschichte und öffnen von ihr her den Weg in Gottes verborgenes Handeln hinein; Johannes, der Adler, sieht vom Geheimnis Gottes her und zeigt, wie es hereinreicht bis in den Stall, bis in Fleisch und Blut des Menschen. Worum also geht es ihm eigentlich? Was will die Kirche uns für den Weihnachtstag und von ihm her für das ganze Jahr, für unser Leben überhaupt sagen, wenn sie uns diesen feierlich-strengen Text vorlegt, wo wir auf die warmen Worte der Geburtsgeschichte warten würden?

I

Dieses Evangelium gehört deshalb seit ältesten Zeiten zur Weihnachtsliturgie, weil es den Satz enthält, der den Grund unserer Freude, den eigentlichen Inhalt des Festes, angibt: Das Wort ist Fleisch geworden und hat unter uns gewohnt (1,14).

Wir feiern an Weihnachten nicht irgendeinen Geburtstag eines großen Mannes, wie es deren viele gibt. Wir feiern auch nicht einfach das Geheimnis des Kindseins.

Gewiß, das Unverbrauchte, das Reine und Offene des Kindes läßt uns hoffen. Es gibt uns Mut, auf neue Möglichkeiten des Menschen zu zählen. Aber wenn wir uns allzu sehr an dies allein, an den neuen Anfang des Lebens im Kind klammern, dann könnte am Schluß doch nur Traurigkeit übrigbleiben: Auch dies Neue wird verbraucht werden. Auch das Kind wird in den Konkurrenzkampf des Lebens eintreten, es wird an seinen Kompromissen und an seinen Erniedrigungen teilnehmen, und am Ende wird es eine Beute des Todes werden wie wir alle.

Wenn wir nichts weiter zu feiern hätten als nur die Idylle der Geburt und des Kindseins, dann bliebe zuletzt auch keine Idylle mehr übrig. Dann ist nur das ewige Stirb und Werde; dann kann man fragen, ob nicht eigentlich Geborenwerden traurig ist, weil es doch nur zum Sterben führt. Deswegen ist es so wichtig, daß hier mehr geschehen ist: Das Wort ist Fleisch geworden.

„Dies Kind ist Gottes Sohn“, sagt eines unserer schönen alten Weihnachtslieder. Hier ist das Ungeheuerliche, Unausdenkbare und doch auch immer wieder Erwartete, ja Notwendige geschehen: Gott ist unter uns hereingetreten. Er hat sich mit dem Menschen so untrennbar vereinigt, daß dieser Mensch wirklich Gott von Gott, Licht vom Lichte ist und wahrer Mensch bleibt.

Der ewige Sinn der Welt ist so wirklich zu uns gekommen, daß man ihn anrühren, anschauen kann (vgl. 1 Joh 1,1). Denn was Johannes „das Wort“ nennt, das bedeutet im Griechischen gleichzeitig auch soviel wie: der Sinn. Insofern könnten wir durchaus auch übersetzen: Der Sinn ist Fleisch geworden.

Aber dieser Sinn ist nicht bloß eine allgemeine Idee, die in der Welt drinnensteckt. Der Sinn ist uns zugewandt. Der Sinn ist ein Wort, eine Anrede an uns. Der Sinn kennt uns, er ruft uns, er führt uns. Der Sinn ist nicht ein allgemeines Gesetz, in dem wir dann irgendeine Rolle spielen. Er ist jedem ganz persönlich zugedacht. Er ist selbst Person: der Sohn des lebendigen Gottes, der im Stall zu Bethlehem geboren wurde.

Vielen Menschen, irgendwie uns allen, erscheint das zu schön, um wahr zu sein. Hier wird uns gesagt: Ja, es gibt einen Sinn. Und der Sinn ist nicht ein ohnmächtiges Aufbegehren gegen das Sinnlose. Der Sinn hat Macht. Er ist Gott. Und Gott ist gut. Gott ist nicht irgendein fernes höchstes Wesen, an das man nie herankommt. Er ist ganz nah, in Rufweite, immer zu erreichen. Er hat Zeit für mich, so viel Zeit, daß er als Mensch in der Krippe lag und auf ewig Mensch geblieben ist.

Wir fragen immer wieder: Kann das sein? Paßt das überhaupt zu Gott, ein Kind zu sein? Wir wollen nicht glauben, daß die Wahrheit schön ist; nach unserer Erfahrung ist Wahrheit am Schluß meistens grausam und schmutzig: Wo sie es einmal nicht zu sein scheint, da bohren wir so lange herum, bis wir mit unserer Vermutung doch wieder recht behalten.

Von der Kunst wurde einst gesagt, sie diene dem Schönen und dieses wiederum sei splendor veritatis – der Glanz der Wahrheit, ihr inneres Leuchten. Aber heute sieht die Kunst ihre höchste Aufgabe zumeist darin, den Menschen als schmutziges Ekel zu entlarven.

Wenn wir an die Dramen von Bert Brecht denken, dann ist die ganze Genialität des Dichters auch hier der Enthüllung der Wahrheit zugewandt, aber nicht mehr, um ihr Leuchten zu zeigen, sondern um zu zeigen, daß die Wahrheit schmutzig, daß der Schmutz die Wahrheit ist. Die Begegnung mit der Wahrheit veredelt nicht mehr, sie erniedrigt. Daher der Spott auf Weihnachten, die Verhöhnung unserer Freude.

Und in der Tat: Wenn es Gott nicht gibt, dann bleibt kein Licht, nur schmutzige Erde. Darin liegt die wahrhaft tragische Wahrheit solcher „Poesie“.

2

„Die Seinigen nahmen ihn nicht auf“ (1, 11). Am Ende ist uns unsere trotzige Verzweiflung lieber als die Güte Gottes, die von Bethlehem her unser Herz anrühren möchte. Am Ende sind wir zu stolz, um uns erlösen zu lassen.

„Die Seinigen nahmen ihn nicht auf“ – der

Abgrund dieses Satzes ist nicht ausgeschöpft mit der Geschichte von der Herbergsuche, die unsere Krippenspiele immer wieder liebevoll vergegenwärtigen. Er ist auch nicht ausgeschöpft mit dem moralischen Appell, an die Obdachlosen auf der weiten Erde und hier in unseren Städten zu denken – so wichtig dieser Anruf ist. Aber dieser Satz rührt an etwas Tieferes in uns, an den innersten Grund dafür, daß die Erde so vielen kein Obdach bietet: Unser Hochmut schließt Gott und damit auch den Menschen die Türen zu.

Wir sind zu hochmütig, um Gott zu sehen. Es geht uns wie Herodes und seinen theologischen Spezialisten: Auf dieser Stufe hört man keine Engel mehr singen. Auf dieser Stufe fühlt man sich von Gott nur entweder bedroht oder gelangweilt. Auf dieser Stufe will man nicht mehr „sein Eigentum“ – Gottes Eigentum – sein, sondern bloß noch sich selbst gehören. Deswegen können wir dann den nicht aufnehmen, der in sein Eigentum kommt – dann müßten wir uns ja ändern, ihn doch als Eigentümer anerkennen.

Er ist als Kind gekommen, um unseren Hochmut zu brechen. Vielleicht hätten wir sogar vor der Macht, vor der Weisheit eher kapituliert.

Aber er will nicht unsere Kapitulation, sondern unsere Liebe. Er will uns von unserem Hochmut befreien und uns so wirklich frei machen.

Lassen wir also ruhig die Freude dieses Tages in unsere Seele eindringen. Sie ist keine Illusion. Sie ist die Wahrheit. Denn die Wahrheit – die letzte, die wirkliche – ist schön. Und sie ist gut. Ihr zu begegnen macht den Menschen gut. Sie spricht aus dem Kind, das doch Gottes eigener Sohn ist.

3

Unser Evangelium mündet in den Satz: „Wir haben seine Herrlichkeit gesehen..." (1,14) Es könnte das Wort der Hirten sein, die vom Stall heimkehren und ihr Erlebnis zusammenfassen. Es könnte das Wort sein, mit dem Maria und Josef ihre Erinnerung an die Nacht von Bethlehem beschreiben. Es ist hier die Rückschau des Jüngers, der aussagt, was ihm in der Begegnung mit Jesus geschah.

Und eigentlich sollten wir als Christen alle diesen Satz sagen können: Wir haben seine

Herrlichkeit gesehen. Ja, man könnte von da aus geradezu erklären, was glauben heißt: seine Herrlichkeit sehen mitten in dieser Welt.

Wer glaubt, sieht. Aber haben wir gesehen? Sind wir nicht doch blind geblieben? Sehen wir nicht immer nur uns selbst und unser Spiegelbild? Jeder kann außen nur das sehen, wozu es auch in ihm eine Entsprechung gibt.

Lassen wir uns vom Geheimnis dieses Tages die Augen auftun, uns sehend machen. Dann werden wir von selber auch als Sehende leben. Als Menschen, die nicht nur an sich selber denken, nicht nur sich selber kennen. Die Adveniat-Sammlung könnte eine kleine Antwort auf den Ruf von Weihnachten sein. Ein Zeichen dafür, daß wir hören und sehen gelernt haben, daß wir Gott als den wahren Eigentümer auch unseres Eigentums anerkennen. So können wir selbst Träger des Lichtes werden, das von Betlehem kommt und dann voll Zuversicht beten: Adveniat regnum tuum. Dein Reich komme. Dein Licht komme. Deine Freude komme. Amen.

IV

Die Lektion des Weihnachtsesels

Von Papst Johannes Paul I.

Von den Figuren, die um die Krippe stehen, ist die demütigste: der Esel. Ein Patriarch, der so etwas den Lesern zur Kenntnis gibt, erregt der nicht Anstoß? Ich hoffe nicht. In meiner Kindheit hat man uns gezeigt, wie Pinocchio, das hölzerne Bengele, zur Strafe in solch ein kleines Grautier verwandelt wurde; später sahen wir im Theater den Schwank von Ferravilla „Die Eselsklasse“, aus dem die von Massinelli geschriebene Aufgabe erfindungsreich herausstach, einer geometrischen Linie gleich, die nur aus Länge ohne Breite und Tiefe besteht und deren Leitfaden der Kehrvers war: „O welch schönes Fest! O welch schönes Fest!“ Noch später, wenn es um die nicht eben zimperliche Beurteilung des lieben Nächsten ging, hörten wir nicht selten, wie man von ein bißchen tölpelhaft wirkenden Mitmenschen sagte, daß sie „das Hirn auf dem Rücken“ hätten und folglich „Esel“ seien.

Geben wir es zu: wir sind gegen das letztgenannte Lebewesen tatsächlich etwas voreingenommen. Christus hingegen wählte sich für den Einzug in Jerusalem ausgerechnet so ein sanftes Eselchen, und Francis Jammes, der Pascoli Frankreichs, besang die Esel liebevoll in seinen Gedichten. Der hl. Franz von Assisi pflegte seinen Körper „Bruder Esel" zu nennen, und als er zum Sterben kam, bat er ihn um Verzeihung wegen der allzu harten Behandlung.

Die Esel sind zähe Arbeiter. Heute sieht man sie bei uns nicht mehr viel, aber früher, was sahen wir sie da Körbe schleppen, die ihnen zu beiden Seiten herunterhingen, und oben auf dem Rücken, wie viele verbeulte Kannen; wie viele Seiltänzerwagen haben sie gezogen und wie viele Wägelchen aller Art. Als Kind habe ich Esel gesehen, denen enge Hosen über die schmächtigen Beine gezogen waren, um die blutunterlaufenen und eitrigen Wunden vor den Fliegen zu bedekken, die sonst scharenweise darüber hergefallen wären. Und die Ärmsten zogen den Wagen trotz allem!

Sie mahnen uns, scheint mir, daß wir in dieser schweren Krisenzeit alle „den Wagen ziehen" sollten, statt uns zu drücken, statt ohne dringenden Grund dem Büro oder der Fabrik fernzubleiben. Wenn einer wirklich krank ist, möge er zu Hause bleiben, aber es ist eine häßliche Geschichte, wenn nicht vorhandene Verletzungen oder vorgetäuschte Krankheiten nicht selten mit den „Strümpfen" schnellfertiger ärztlicher Zeugnisse oder erfundener Entschuldigungen bedeckt werden, die einen von der Anwesenheit am Arbeitsplatz befreien. Eine Nation kann sich aus ihren Übelständen nicht aufrichten, ohne daß Opfer gebracht werden, ohne ernsthafte, beharrliche Arbeit, die nicht dauernd von Streiks unterbrochen wird. Auch mit der Schule kann es nicht besser werden. Heute wünscht man sie sich „demokratisch verwaltet", „integriert" als Gesamtschule, „Vollzeit"-Schule, „fortlaufend", mit halbschulischen, außerschulischen, ergänzenden Aktivitäten. Mehr schulische Arbeit geht nicht. Nun gut, angenommen, daß die „neue Schule" den Schülern wirklich besser zu studieren und mehr zu arbeiten erlaubt. Wenn sie nun aber statt dessen von allzu vielen studentischen Umzügen, Demonstrationen und von fremden Mächten gestört wird? Wenn es unter dem Vorwand des „Pluralismus“ nichts als die Abschreiberei der Schüler und bei den Lehrern das Herumjagen im Leerlauf gäbe? Wenn die ausgeklügelten Gesetzesvorschriften über die Wahlmöglichkeiten die Direktoren und Lehrer mit unverhältnismäßigem Verwaltungskram belasten würden, der nichts mit Unterricht zu tun hat oder dem Unterricht doch wenig hilft?

Der Esel war auch seit je der Freund der Armen. Ein griechisches Volksmärchen erzählt, woher das kommt: Der Teufel hat von jeher Gott entgegengearbeitet; kaum hatte Gott etwas erschaffen, versuchte der Teufel etwas dem zuwider auf die Beine zu stellen; so kam es, daß er eines Tages einen Esel machte. Aber das Leben vermochte er ihm nicht zu geben. Schließlich bequemte er sich, zum Herrn zu gehen, und forderte ihn auf: „Gib du ihm das Leben!“ Gott tat ihm den Willen, aber auf seine Weise: „Steh auf, Esel, und sei von nun an der rechte Arm der kleinen Leute.“ Die Legende beschreibt nun, wie es weiterging: Die Armen, die sich kein Maultier oder Pferd leisten können, halten sich einen Esel. Sie beladen ihn mit Holzbündeln, damit er sie zu ihrem Haus trägt; sie beladen ihn mit Korn, und er trägt es zur Mühle; sie beladen ihn mit Dung, und der Esel trägt ihn auf den Acker. Der Esel ist ihr bester Helfer; ohne ihn wäre das Leben der Armen gar zu hart.

Wie aber, wenn Menschen von hohem Rang sich nichts anderes im Leben vornehmen als dies: „Eselchen“ der Armen zu sein? Ignazio Silone erzählt aus seinen Jugenderinnerungen eine Episode, die auf mich einen unvergeßlichen Eindruck gemacht hat: wie er Don Luigi Orione am Bahnhof begegnete. Silone, damals ein Junge, der von Rom in ein ligurisches Kolleg übersiedeln sollte, bemerkte einen unauffälligen kleinen Priester, der sich um ihn und die anderen Jungen annahm. Silone war ärgerlich, weil nicht der berühmte Don Orione selbst gekommen war, und es war ihm gerade recht, daß sich der kleine Priester da mit seinen Koffern und Bündeln abschleppte, und er rührte keinen Finger, ihm zu helfen. Als sie alle endlich im Zug saßen, fragte ihn der Priester, ob er eine Zeitung wünsche. „Ja, den ‚Avanti‘“, gab Silone in herausforderndem Ton zur Antwort. Der Priester stieg aus dem Zug, erschien kurz darauf wieder und überreichte dem Jungen den ‚Avanti‘. Später, immer noch auf der Bahnfahrt, fragt der Junge schließlich: „Warum ist Don Orione nicht gekommen?“ Antwort: „Ich bin Don Orione, entschuldige, daß ich mich nicht vorgestellt habe.“ – „Ich wollte in den Boden versinken“, bekennt Silone, „ich fühlte mich verächtlich und gemein ... ich stammelte eine Entschuldigung, daß ich ihn meine Koffer und all den Kram schleppen ließ. Er lächelte und vertraute mir an, er sei glücklich, zuweilen für freche Jungen wie mich Koffer zu tragen ... Er vertraute mir noch mehr an: Meine Berufung wäre, als richtiger Esel Gottes, als richtiger Esel der Vorsehung leben zu können.“

Das klingt gut, besonders heute, wo es so viele Arme gibt und auch so viele, die für die „Benachteiligten“ sprechen und schreiben, aber so wenige, die wirkliche „Eselchen“ sind, bereit, die Lasten der anderen auf den Rücken zu nehmen. Ist es nicht ein Jammer mitunter, Familien zu sehen, die ohne große Unannehmlichkeit ihre alten Eltern bei sich zu Hause behalten könnten und sie statt dessen ins Altersheim abschieben. Ich weiß, daß es manchmal nicht anders geht. Doch dann sollte man diesen Verwandten nahebleiben, sie öfters besuchen, sie mit liebevoller Aufmerksamkeit umgeben. Oft aber kümmert man sich kaum um sie und überläßt sie ihrem Schmerz, sich vergessen zu fühlen.

Noch eine Lektion gibt uns das Eselchen, das ist die Geduld und die Milde. Schaut her: es senkt den Kopf ganz sanft, und wenn es stehenbleibt, stellt es die Füßchen so lieb zusammen, daß es einen rührt. Auch wenn die Bremsen, die Wespen, die Mücken über es herfallen, wehrt es sich nur mit einem jähen Ruck der langen Ohren. Das Ärmste, es wäre wirklich nicht für den schonungslosen Kampf geschaffen, der heute nötig ist, um größere Gerechtigkeit in der Welt durchzusetzen; und noch weniger paßt es in eine Zeit, in der Gewalttätigkeit an der Tagesordnung ist: in Form von Freiheitsberaubung, Tötung, Molotowcocktails, Drohbriefen und unaufhörlichem Gerede über Revolution. Besser würde das Eselchen die gute Mutter verstehen, die ihr kleines Mädchen niedlich herausputzt für den Schulgang, es hinbegleitet und ihm die Bücher mit geblümtem Papier einbindet. Nicht verstehen würde das Eselchen hingegen, was in diesen liebevoll eingebundenen Büchern alles zu lesen steht: „Die Revolutionen sind eine notwendige Konsequenz ... wenn das unterdrückte Proletariat schließlich zu einer Revolution getrieben wird ... werden wir die Sache der Proletarier tatkräftig verteidigen."

Uns ist es nicht entgangen, daß diese Worte, die in einem Buch für die fünfte Hauptschulklasse abgedruckt sind, wie ein Ei dem andern oder wie ein Apfelschnitz den anderen jenen Parolen gleicht, die Lafayette am 20. Februar 1790 vor der französischen Verfassunggebenden Versammlung vortrug: „Der Aufstand ist die heiligste der Pflichten." Der Aufstand brach diesmal in der Tat aus und wurde die „Französische Revolution", die manches Problem löste, aber dafür andere schuf und dabei Ströme von Blut vergoß. Auch in jenen Zeiten gab es Untergrundliteratur, was man heute „Samisdat" nennt: unter diesen heimlich gedruckten Schriften war eine, die besonders reißenden Absatz hatte, es war das 1796 dreimal aufgelegte Büchlein „Betrachtungen über Frankreich" von Joseph de Maistre. Man liest darin: „Kein Despot spielte mit dem Leben eines Volkes, wie es die Jakobiner trieben, und kein Volk ließ sich so passiv abschlachten ...

Nachdem die Revolution die Sünden der Monarchie und der Aristokratie bestraft hatte, verschlang sie sich selber... Von den Präsidenten des Konvents wurden 18 guillotiniert, 8 verschleppt, 6 eingekerkert. Von den Mitgliedern des Konvents wurden 70 guillotiniert, 130 verschleppt." Und doch waren es beste Absichten, die den Aufstand und die Revolution eingeleitet hatten. Der dauernd gebrauchte Slogan war: „Freiheit, Brüderlichkeit, Gleichheit". Sind aber einmal die Dämme des Flusses gebrochen, wer bändigt dann die Fluten? Das begriff überdeutlich Jeanne Roland, eine Vorkämpferin der Revolution. Es nützte ihr nichts, die Frau des Ministers Roland zu sein; das Volk gestattete ihr nicht, sich vor dem Tribunal zu verteidigen, weil sie zwar Revolutionärin, aber Girondistin war. Als sie zum Schafott geführt wurde, verneigte sie sich vor der Statue der Freiheit und rief: „O Freiheit, wie viele Verbrechen in deinem Namen!"

Ich komme zum Eselchen zurück und zu Francis Jammes, der es besungen hat. Der Dichter hat sogar ein „Gebet" verfaßt, „um zusammen mit den Eselchen ins Paradies zu gehen".

Er schreibt darin: „Wenn ich einmal zu dir kommen werde, mein Gott, werde ich meinen Stab nehmen und auf der Hauptstraße zu den Eseln, meinen Freunden, sagen: Kommt mit, arme Tiere. So möchte ich gerne vor dir erscheinen, mein Gott, inmitten dieser Tiere, die ich so liebe."

So weit werde ich gerade nicht gehen, daß ich mir dieses Gebet zu eigen mache. Mir würde es genügen, in den Himmel hineinzukommen über jenen Weg, den ich von Jesus, von seiner und meiner Mutter, von den Heiligen und, warum nicht, wenn es hilft?, auch von dem demütigen Eselchen an der Krippe lernen will[12].

Übersetzt von Maria Otto

Anmerkungen

I. Am Anfang des Advent

[1] Vgl. dazu *P. Jounel* in: *A. G. Martimort* (Hrsg.), Handbuch der Liturgiewissenschaft II (Freiburg i. Br. 1965) 266–276; zur Wortbedeutung von adventus auch *Blaise-Chirat,* Dict. latin-français des Auteurs chrétiens (Turnhout 1954) 61f; zur Geschichte und Theologie des Advent: *J. Pascher*, Das liturgische Jahr (München 1963) 332ff.
[2] Vgl. *J. Pieper*, Über die Liebe (München 1972) 52.

II. Ochs und Esel an der Krippe

[3] *Ignatius von Antiochien*, Brief an die Magnesier 3, 1.
[4] *Bo Reicke,* Jahresfeier und Zeitenwende im Judentum und Christentum der Antike, in: TThQ 150 (1970) 321–334. Die Perspektiven dieses Aufsatzes, der den bisherigen Konsens der Forschung über die Entstehung von Weihnachten und Epiphanie umstürzt, scheinen im Bereich der Liturgiewissenschaft noch kaum Eingang gefunden zu haben.
[5] II Cel 151, 199; deutsche Ausgabe: *E. Grau*, Thomas von Celano, Leben und Wunder des heiligen Franziskus von Assisi (Werl i. W. ²1964). Die Zitate im Text sind von mir neu übersetzt.
[6] I Cel 30, 84. Zur Entstehung der Krippe: *Dom Gougaud*, La Crèche de Noël avant saint François d'Assise, in: RevScRel 2 (1922) 26–34.
[7] I Cel 30, 86.

[8] Vgl. *J. Ratzinger,* Der Gott Jesu Christi (München 1976) 57–61; *A. Schilson,* Gott kommt als Kind (Freiburg i. Br. 1977).
[9] I Cel 30,84.
[10] *J. Ziegler,* Ochs und Esel an der Krippe. Biblisch-patristische Erwägungen zu Is 1,3 und Hab 3,2 (LXX), in: MThZ 3 (1952) 385–402.
[11] I Cel 30,86.

IV. Die Lektion des Weihnachtsesels

[12] Zuerst erschienen in: „Il Gazzettino" (Venedig), 24. Dezember 1977.